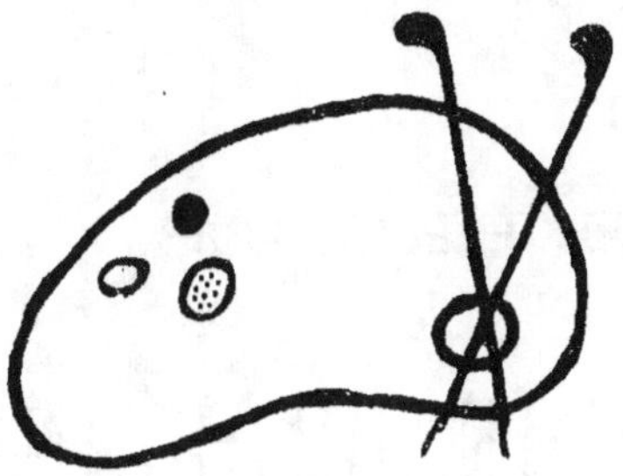

Couvertures supérieure et inférieure
en couleur

LE PROCÈS

DE

GUILLAUME BRIÇONNET

AU PARLEMENT DE PARIS EN 1525

LETTRE

A M. LE BARON FERNAND DE SCHICKLER

PRÉSIDENT DE LA SOCIÉTÉ DE L'HISTOIRE DU PROTESTANTISME FRANÇAIS

PAR

Samuel BERGER

PARIS

LIBRAIRIE FISCHBACHER

(SOCIÉTÉ ANONYME)

33, RUE DE SEINE, 33

—

1895

4917. — L.-Imprimeries réunies, B, rue Mignon, 2. — MAY et MOTTEROZ, directeurs.

LE PROCÈS DE GUILLAUME BRIÇONNET

AU PARLEMENT DE PARIS, EN 1525

LETTRE A M. LE BARON FERNAND DE SCHICKLER [1]

Cher Président,

L'histoire des premiers jours de la Réforme en France présente un si grand intérêt, que tout ce qui peut nous en instruire nous est précieux. Permettez-moi donc d'attirer votre attention sur une récente acquisition de la *Bibliothèque nationale*, sur une copie des pièces du procès poursuivi contre Guillaume Briçonnet, évêque de Meaux, par les cordeliers de cette ville, du 24 juillet au 1er septembre de l'an 1525.

Le procès de Briçonnet au Parlement est bien imparfaitement connu à cette heure. Nous en avons en beaucoup d'endroits des tronçons, mais nulle part l'ensemble. La correspondance des réformateurs, admirablement publiée par M. Herminjard, l'a mis dans son véritable milieu. Toussaints du Plessis, dans son *Histoire*, trop peu connue, *de l'Église de Meaux*, M. V. Sthyr, actuellement évêque de Nykjöbing, dans ses beaux livres écrits en danois : *la Préparation et les Com*

---

1. La gravure qui accompagne cet article est empruntée à la *Généalogie des Briçonnet*, de Gui Bretonneau.

mencements de la *Réforme française* (1870) et *les Luthériens en France* (1879), enfin M. H. Bordier ont publié de nombreux extraits des registres du Parlement touchant cette affaire. Du Boulay surtout a donné, dans sa célèbre *Histoire de l'Université de Paris* (t. VI, p. 173), des passages assez étendus des plaidoiries dont nous allons parler; il les avait tirés, disons-le de suite, d'un registre du Parlement, beaucoup moins complet que notre copie.

Notre manuscrit (Bibliothèque nationale, nouvelles acquisitions françaises, n° 6528) porte les *ex-libris* du marquis d'Aubais et de Ph.-L. de Joubert. Il se compose de 268 feuillets de papier écrits largement d'une grosse écriture de chancellerie. On lit, au commencement et à la fin, ces mots : *Pro communitate pauperum Montis acuti.*

Quel intérêt particulier le collège de Montaigu pouvait-il avoir à posséder les pièces, presque complètes, du procès de Briçonnet? Une observation très judicieuse de M. N. Weiss m'a ouvert les yeux à cet endroit. Le trop célèbre Noël Béda était principal de Montaigu. C'est lui qui suivait le procès de Briçonnet et qui, en réalité, dirigeait la poursuite; c'est lui qui intervint au procès, le 18 août 1525, pour la Faculté de théologie, « tant en son nom propre que de tous bons chrestiens. » Dans notre manuscrit, les passages relatifs à la Faculté de théologie sont soulignés et annotés d'une main qui ne peut être que celle de Béda. Il était naturel qu'il se fît tenir au courant d'un procès dont il était l'âme.

Quand notre document n'aurait d'autre intérêt que de présenter avec ensemble les faits que d'excellents auteurs ont eu à tirer péniblement de textes fragmentaires, il aurait déjà une réelle valeur; mais il nous peint en de si vives couleurs les origines de la Réforme à Meaux, que nous devons le considérer comme un document historique d'une grande autorité. En effet, ce qu'il nous donne, nous ne le rencontrerons souvent pas ailleurs, pas même dans les registres originaux du Parlement.

Il est arrivé en cette affaire ce qui se rencontre fréquemment : la copie est beaucoup plus complète que l'original. Cette anomalie n'est pas pour nous étonner beaucoup. Les registres du Parlement étaient rédigés assez négligemment et parfois avec d'assez grands retards, d'après des minutes qui quelquefois étaient peu lisibles ou se conservaient mal. C'est sur ces minutes que se faisaient les extraits, et c'est ainsi qu'il se trouve qu'une grande partie des textes qui seront imprimés ci-dessous ne se rencontrent pas dans les registres du Parlement[1]. En revanche, il manque dans notre copie toutes les plaidoiries du 18 août. La chose s'explique aisément : Béda assistait ce jour-là à l'audience ; il n'avait donc pas besoin d'autres notes que de celles que lui-même il avait prises.

J'exposerai brièvement, en me tenant aux parties inédites du nouveau document, les querelles de l'évêque de Meaux et des cordeliers.

Guillaume Briçonnet avait été nommé évêque de Meaux au commencement de l'année 1516. A peine installé, il avait été envoyé à Rome par François Ier ; il y était resté deux ans. A son retour, il trouva son diocèse dans le plus triste état : les cordeliers y étaient à peu près les seuls prédicateurs ; ils ne prêchaient guère, et ce qu'ils prêchaient ne pouvait satisfaire l'ami de Marguerite de Valois et le protecteur de Lefèvre d'Étaples.

Quoy voyant l'intimé (ainsi parle Poyet, avocat de l'évêque[2]), et que son diocese estoit empoysonné de telles impostures, menteries et faulses doctrines, bientost après qu'il a esté pourveu dudict evesché et après son retour de Romme,..., *vigillando super gregem suum* et desirant luy pourveoir de pasture ewangelicque, *ne lupus rapax eum invaderet et sanguis ovium de manibus suis requireretur*,... après avoir esté deuement informé que lesdictz cordeliers qui avoient prins charge de prescher tout le diocese ne faisoient que quester les grosses parroisses et laissoient les autres, tellement qu'il y avoit la pluspart des parroisses de son diocese qui avoient esté du temps de ses predecesseurs neuf et dix ans sans predications soubz l'attente desdictz cordeliers, qui ne preschoient que au temps des questes et ne faisoient que les sermons de frere Robert qui estoit cordelier, et par l'espace de dix ans n'eut jamais que ung

---

1. Les principaux registres dans lesquels sont contenus les actes du procès de Briçonnet sont les suivants : *Archives nationales*, X 1ᵃ 1528 et 1529 (Conseil), 4877 et 4878 (Plaidoiries, matinées) et 8342 (Après-dinées).

2. Guillaume Poyet était l'homme de confiance de Louise de Savoie. Il devint chancelier en 1538.

sermon qu'il preschoit à toutes les questes qu'il faisoit, il divisa son diocese, contenant environ deux cens parroisses, en trente stacions, et ordonna en chascune stacion ung predicateur pour tout l'an, speciallement pour le caresme et l'advent. Et *morem gerens aus-dictz* cordeliers, l'intimé, auparavant que bailler aucunes desdictes stacions, a tousjours envoyé querir leur gardien, luy presentant le rolle des stacions pour sçavoir combien il en pourroit avoir selon le nombre des prescheurs de son couvent, ausquelz faisoit expedier ce qu'ilz en voulloient... et le surplus les bailloit a religieux d'autres couvens tant dudict ordre que d'autres et a plusieurs docteurs, licenciez et bacheliers formelz en theologie, ausquelz il auroit baillé gros sallaire, montant pour la première année neuf cens livres, la seconde sept cens et la tierce de cinq a six cens [1]... *Hinc lachrimae et zelus...*

Je n'ai pas besoin d'ajouter que plusieurs des prédicateurs institués par Briçonnet furent bientôt dénoncés comme hérétiques. Masurier est jeté à la conciergerie, en attendant que Caroli, décrété de prise de corps, soit obligé de s'enfuir à Malesherbes, où la dame d'Entragues le défendra contre les sergents, et Michel d'Arande et Gérard Roussel à Strasbourg d'abord, puis auprès de Marguerite de Valois. L'évêque ne se borne pas à faire traduire le Nouveau Testament en français par Lefèvre d'Étaples, il « donne charge a son recepveur d'en bailler pour l'honneur de Dieu a ceulx qui n'auroient puissance d'en achapter [2]. » Mais reprenons le cours des difficultés entre l'évêque et les cordeliers.

Au chapitre provincial tenu à Sézanne, les cordeliers décidèrent, « après plusieurs detractions et murmurations contre la personne dudict evesque, qu'ilz mettroyent ung gardien à Meaulx, celluy qui auroit la meilleur teste pour luy resister, » et leur choix tomba sur le frère Jean Coreau (et non Crocau, comme impriment les auteurs), surnommé Corjon ou Corion, « homme de capelyne et d'entreprinse » et « des plus

---

1. Fol. 69-71 v° (11 août 1525).

2. Fol. 166 (22 août 1525). Il est possible qu'il ne s'agisse pas ici de la version complète du Nouveau Testament, mais de l'extrait qui en a été fait sous le titre d'*Epistres et Evangiles des cinquante-deux sepmaines de l'an*, et qui était accompagné de considérations pieuses. Voyez du reste P. Quiévreux, *la Traduction du Nouveau Testament de Lefèvre d'Etaples*, Le Cateau, 1894 (thèse).

insolens et incompatibles que l'on sçauroit trouver en tout l'ordre [1]. »

Lequel, après la prinse de la ville de Havennes en Haynault du temps du roy Loys unziesme, fut prins petit garson et vendu a Sainct-Quentin *jure belli* a ung bourgeois de la ville, et depuis fut par son maistre faict cordelier et entretenu aux escolles a Paris par le seigneur de Mouy, lequel s'ennuyant de porter le bissac obtint bulles de Romme pour se descordeler *et absolvi a jugo religionis*, attendu qu'il y avoit esté mis comme captif [2]...

C'est tout un roman comique que les aventures de ce moine vagabond, qui fut le grand adversaire et le dénonciateur de Briçonnet et de ses prédicateurs. Les cordeliers, partis en guerre contre l'évêque, sèment « a l'encontre de luy innumerables erreurs comme ayans esté par luy dictes et soustenues en ses predications, sçavoir est qu'il ne failloit prier la sacrée Vierge ne les sainctz, qu'il n'y avoit point de purgatoire et ne failloit prier pour les trespassez, et autres menteries innumerables ou l'intimé n'avoit jamais pensé (c'est son avocat qui le dit), ains presché l'opposite en sermons innumerables... Et puis deux ans ont presché en la parroisse de la Magdelaine de ceste ville de Paris que ledict evesque avoit dict et presché que la très sacrée Vierge Marie avoit eu deux enfans depuis Nostre Saulveur Jhesucrist. Et sçachans ce estre venu a la congnoissance du Roy qui en voulloit sçavoir la verité, firent absenter leur cordelier, disant qu'il s'en estoit fuy, mais que leur ordre en feroit la punicion [3] ».

Une décrétale de Clément V, édictée au concile de Vienne, la Clémentine *Dudum*, qui est la grande charte des moines mendiants, leur interdisait de prêcher « à l'heure où l'évêque voudra tenir la chaire ou faire prêcher solennellement devant lui [4] ». C'est autour de cette décrétale que s'engagea la querelle, querelle de moines en apparence, mais dans laquelle, au fond, il s'agissait d'intérêts beaucoup plus élevés.

L'évêque était parti pour visiter son diocèse, le lendemain de la Fête-Dieu.

1. Fol. 79, etc.
2. Fol. 80.
3. Fol. 78.
4. *Corpus juris canonici*, éd. Friedberg, 1881, t. II, col. 1161.

Le premier dimanche après son partement, le gardien desdictz,
Corrion, voyant l'absence de l'intimé, monte en chaire et faict la
*plus insolente et scandaleuse predication que on sçauroit dire. Car
d'entrée, sans faire la benediction et introïtes acoustumez, com-
mença par collere et fureur a se courousser contre plusieurs, se
combatant a son umbre sans propoz, qu'il sembloit qu'il fust yvre.
Dict qu'il estoit tout notoire dont il venoit que Meaulx estoit pleine
d'erreurs et que l'on y tenoit qu'il ne failloit prier les saincts ne la
Vierge Marie, en faisant plusieurs exclamations, et allegant aucuns
passages de l'Escripture pour prouver le contraire, et en repetant
souvent qu'il estoit tout notoire.* Subjunxit : « Et tu veulx te re-
vocquer, disant : Je ne l'ay pas dict ! On devroit coupper la langue
a telles gens. C'est grant honte a ung homme de bien de soy des-
dire. Escoutez moi hardiment : Je ne me desdiray point, je sous-
tiendray ce que je dis, et si vous escripvez, escripvez tout ! Ilz
dient qu'ilz ne fault point prier pour les trespassez, et n'y a point
de purgatoire. C'est affin qu'ilz ne payent les fondacions de leurs
predecesseurs, ou qu'ilz n'ont point d'argent pour ce faire... » Et
*après il dict par grande exclamacion que on tenoit a Meaulx qu'il
ne failloit que foy pour justifier et estre saulvé et que les euvres
n'estoient necessaires,* quod nunquam auditum fuerat, *et n'y a celluy
oudict diocèse qui n'entende le contraire qui leur a esté souventes-
foys presché...* Et descend aux livres en françoys, qui estoient
tout erreur et heresie qui les meneroient en damnacion, et ne
devoient sçavoir les secretz de l'Evangille. Et erumpens ignis ultra
se non continens, *dict :* « Les belistriens de Meaulx, de Meaulx,
dictz-je, les bibliens ! » saepius repetendo et yronice cum cachyno,
*dont le peuple fut fort scandalisé,... et qui (qu'il) vauldroit autant
bailler a ung de ses freres une quenoille pour filler que a eulx des
livres en françoys...*[1]

Coreau a l'habileté de se faire déléguer par la Sorbonne
pour exécuter à l'égard du curé de Saint-Martin au Grand
Marché, Martial Masurier, et avec l'assentiment plus ou
moins volontaire de celui-ci, la sentence prononcée par la
Faculté de théologie à l'égard de ce docteur en Sorbonne. Il
prêche à Saint-Martin sans avertir l'évêque, et on l'accuse
d'avoir falsifié le texte des décisions de la Faculté.

C'est alors que, pour braver Briçonnet, Coreau fait prêcher
« un de ses freres nommé Le Conte (ou plutôt Contesse), qui

1. Fol. 99 v°-106.

est un des appellans, *eadem hora* que ledict evesque faisoit
prescher devant luy solemnellement en son eglise. Et par une
grande illusion et mocquerie, après que il a eu faict la plus
grande partie de son sermon, il fainct que l'un de ses freres
l'est venu advertir par derriere qu'il y avoit sermon episcopal
en l'eglise cathedralle, descend de la chaire et dict qu'il ne
veult contrevenir a l'arrest, et que mieulx vault obeissance
que sacrifice... [1] »

Le dimanche suivant, l'évêque monte en chaire. L'avocat
de la partie adverse nous a conservé quelques extraits de son
sermon :

Monsieur le caffart cordelier, vous avez presché dimanche dernier
à Sainct-Martin *proposicions qui ne furent jamais preschées dans
mon diocese*. Et après : Messieurs les faulx prophetes, caffars cordeliers, qui regarderoit soubz vos chapperons jusques a vostre clo-
cher, on y trouveroit la source et fontaine de toute heresie, *et quod
cordigeri sunt pseudoprophete, scribe et pharisei* [2]...

L'évêque cite les cordeliers devant son official, Pierre Fabri, et leur fait interdire la prédication dans son diocèse. C'est
sur l'appel comme d'abus des cordeliers que l'affaire vient
au Parlement.

En tout ceci, les prétextes sont, de part et d'autre, assez
légers et futiles. Les injures faites à l'évêque de Meaux par
les cordeliers ne sont pas pour nous émouvoir outre mesure,
quelque blâmables quelles soient. Mais chacun voit qu'il
s'agit ici d'une bien autre cause, de la Réforme elle-même.
C'est bien en effet un écho de la parole de Luther qui retentit
dans les discours des prédicateurs de Briçonnet, mais surtout on sent qu'il y a au pied des chaires de Meaux des foules
ardentes et convaincues, qui n'iront pas en arrière comme
leur évêque et comme le plus grand nombre de ses prédicateurs. Les cordeliers ne s'y trompent pas et leur plaidoyer
est aussi véhément et enflammé que celui de l'évêque est
fuyant et incertain. Sur un seul point, l'évêque est ferme et
constant avec lui-même, c'est sur la traduction de la Bible en

1. Fol. 124 v°.
2. Fol. 154.

langue vulgaire. Il soutient avec finesse et avec érudition, que ce que l'on veut condamner a été « ordonné par les roys *cum maturitate concilii*, sçavoir est par le roy Charles le quint, le roy Charles huitiesme et le roy qui est à present[1] ». Il appuie son droit sur d' « innumérables passaiges de l'Escripture saincte et des doctrines de l'Eglise ». Il est vrai qu'il n'y avait pas grand héroïsme à tenir bon sur ce point, où Briçonnet se sentait appuyé par les protecteurs les plus puissants.

On jugera des dispositions de la cour et on appréciera les moyens par lesquels le Parlement s'efforçait d'en détruire l'effet en entendant le réquisitoire de l'avocat du roi :

Du vendredi premier jour de septembre, l'an mil cinq cens vingt cinq, *post prandium*.

En la *cause* d'entre frere Jehan Coreau, soy disant gardien des cordelliers de Meaulx, frere Pierre Contesse, aussi cordelier et le couvent des cordeliers dudict Meaulx, appellans comme d'abbus de l'octroy et decret de certaines citations decernées par l'official de l'evesque dudict Meaulx et execution d'icelles et anticipez d'une part, et ledict evesque de Meaulx, anticipans, d'autre.

Lizet[2], pour le procureur general du Roy... dict qu'il touchera deux poinctz principallement, le premier touchant les causes d'appel comme d'abbus, l'autre de la translacion des livres de la Saincte Escripture en françoys... Quant à l'appel, dit que *notorie* il est bien fondé et que la procedure de l'evesque de Meaulx est abusive, et requiert estre dict qu'il a esté mal et abusivement procedé [et] executé, et bien appelé. Et quant au second point, de la translacion d'un livre de la Saincte Escripture, dit qu'il est de perilleuse consequence, et est une chose que l'on ne doit tollerer ne permettre en ce Royaume treschrestien... *Secundo* aussi il fauldroit que la translacion, avant qu'il fust permis de la publier, fust veue et approuvée par le Pape ou par l'Eglise, autrement il pourroit *in eum* deroger. Pour ce que le Roy autresfoys[3] a envoyé devers luy maistre Pierre d'Annet son maistre des requestes pour luy dire qu'il tint en surceance ceste matiere jusques a ce que ledict seigneur y eust faict adviser par son

1. Fol. 167.

2. Pierre Lizet avait soutenu la cause du roi contre le connétable de Bourbon. Il devint premier président en 1529. Il se signala par son zèle contre la Reforme qu'il combattit dans plusieurs écrits.

3. Le 26 avril 1521. (Styr, *Lutheranerne i Frankrig*, p. 269).

conseil, et qu'il estoit déliberé a ceste fin assembler ung bon nombre de gens, il ne veult pour le present prandre aucunes conclusions diffinitives de la matiere, pour ne contrevenir aucunement au bon voulloir dudict seigneur. Mais, pour autant que l'on a veu par experience et en appert par informacion que a *occasion des translacions en wulgaire divulgacion et contrevencion d'icelle escripte au peuple* sont venuz plusieurs erreurs et scandalles et croissent de jour en jour, et que ledit seigneur est absent de son royaume, en attendant son retour, que Dieu par sa saincte grace veulle bientost, requiert pour le Roy par maniere de provision et jusques a ce que autrement par ledict seigneur en soit ordonné, tous lesdictz livres en françoys estre mis en une chambre a part fermant a double clef, dont l'evesque de Meaulx en aura une et l'autre sera portée en la Court de ceans, et que la Court ordonne commandement *estre faict a tous ceulx du diocese de Meaulx* et autres qu'il appartiendra, sur telles peines que ladicte Court advisera, de apporter lesdictz livres au lieu que sera advisé par ladicte Court, et enjoindre audict evesque de Meaulx de admonnester tous les subgectz de son diocese de ce faire *sub pena excommunicationis*, et par ce moyen les choses demourrèront sans dangier et sans quelque innovation jusques au retour du Roy. Et au demourant, parce que par la plaidoyerie des parties l'on allegue et desduict plusieurs erreurs avoir esté preschées par les cordeliers, dont *ledit evesque de Meaulx a faict informacion*, requiert estre ordonné par la Court plus amplement estre informé desdictz erreurs, et aussi des parolles moings honnestes et mal sonnantes que l'on dit avoir esté proferées contre l'honneur d'aucuns grans personhaiges de ce Royaume, pour ladicte informacion rapporter devers la Court et a luy communicquer, prandre telles conclusions qu'il verra estre affaire. Et au demourant au livre de Specule sainct Françoys leu par l'advocat de Meaulx, lequel semble contenir beaucoup de choses apocriffes et indiscretes, icelluy estre mis *es mains de la Faculté de theologie* pour estre par elle visite et en bailler le jugement doctrinal et, icelluy rapporté devers la Court, en estre par elle ordonné comme de raison. Et en tant que touche les livres de maistre Jaques Fabri (Lefèvre d'Étaples), pource que le Roys autresfoys a commandé audict procureur general de ne faire poursuilte du jugement et censure desdictz livres, toutesfoys, pour le scandal que l'on voit estre survenu en la publication des propositions dudict Fabri, sans aucunement contrevenir au commandement et bonne voulenté dudict seigneur, par provision et attendant sa venue, a requis lesdictz livres estre visitez par la Faculté de theologie et leur censure et jugement doctrinal, raisonné ainsi qu'il appartiendra, estre envoyé devers le Roy ou Madame sa mere, pour puis après en estre par eulx ou par la Court ordonné ainsi qu'il appartiendra par raison[1].

La Cour mit l'affaire en délibéré par un arrêt provisoire qui fut pris le jour même.

La Court verra les plaidoyez faiz entre lesdictes parties et tout ce qu'elles vouldront respectivement produire. Et au conseil sur les causes d'appel, requestes et conclusions respectivement prinses par lesdictes parties et ledict procureur general du Roy. Et ordonne la Court que les conclusions de la derniere plaidoyerie faicte par ledict procureur general du Roy seront communicquées audict evesque de Meaulx pour y respondre par escript dedans quinzaine. Et au conseil sur le tout[2].

L'affaire traîna et on voulait qu'il en fût ainsi. Outre la protection visible dont Louise de Savoie, en l'absence du roi, couvrait l'évêque de Meaux, Lefèvre d'Etaples et leurs amis, Guillaume Briçonnet était *persona grata* au Parlement, où Jean Briçonnet, son frère aîné, était président. Les enquêtes et les tracasseries continuèrent, et il ne semble pas qu'un arrêt définitif ait jamais été rendu. Le 2 janvier 1526, après que la Cour eut entendu les représentants de la Faculté de théologie et des cordeliers, l'avocat du Roi requit que défenses fussent faites de contrevenir aux arrêts de la Cour touchant les luthériens, qu'injonctions fussent faites aux officiers des lieux de s'enquérir de ceux qui y contreviendraient pour procéder contre eux et qu'il fût enjoint aux évêques, sous peine de saisie de leur temporel, de faire défense de publier la doctrine luthérienne. La Cour dit qu'elle y pourvoirait au premier jour. Mais l'arrêt lui-même ne se trouve nulle part. Le 15 novembre 1526, la Cour ordonne que l'adjonction de la Faculté de théologie avec les cordeliers contre l'évêque soit enregistrée, puis on n'entend plus parler de l'affaire. Dans l'intervalle le roi était revenu de Madrid[3].

1. Fol. 248-268.
2. Fol. 268.
3. Du Plessis nous dit (t. II, p. 324) que, le 19 décembre 1525, « le

Toutes ces questions de chronologie et de procédure sont si délicates, que ce ne sera pas trop, pour les élucider, de la science si étendue de M. N. Weiss. C'est pour laisser le champ libre au savant qui se dispose à donner au public français l'œuvre de M. Sthyr, largement enrichie et complétée, que je m'abstiens de donner de plus longs extraits du procès de Briçonnet. J'insisterai sur un seul point, qui est important.

A quelle époque remonte ce qu'on a appelé la palinodie de Briçonnet, c'est-à-dire la condamnation de Luther, prononcée par l'évêque en plein synode ? Tous les textes et tous les anciens auteurs donnent la date du 15 octobre 1523. Mais en ces derniers temps d'excellents historiens ont cru devoir rajeunir les fameux décrets synodaux de deux ans, et cela uniquement pour des raisons de vraisemblance interne[1]. Pour faire descendre jusqu'au 15 octobre 1525 les décrets de Briçonnet, on est obligé d'accuser de falsification tous les auteurs qui ont raconté cette histoire. L'erreur, dit-on, saute aux yeux de quiconque aura pris connaissance des faits et des documents de l'histoire de Briçonnet. Pendant les quatre années 1521 à 1524, il travaille de tout cœur pour la Réforme, et il n'aurait pas anathématisé le venin pestilentiel de Luther en octobre 1523, quand il avait pris Lefèvre pour vicaire en mai et quand il menaçait Marguerite de Valois en 1524 de l'indignation de Dieu et de ses verges, si le gouvernement n'entrait pas dans des voies réformatrices. Cette confusion de dates, ajoute-t-on, est une fraude pieuse, due aux écrivains qui ont parlé jadis de Briçonnet, au chanoine Gui Bretonneau et à dom Tous-

Parlement supprima les traductions de la Bible pour un temps, » mais cette assertion n'est appuyée d'aucune preuve et elle ne trouve aucune base dans les registres du Parlement. Le 29 (et non le 19) décembre, la cour ordonna que l'évêque de Meaux serait interrogé par Verjus et Ménager « sur certain livre contenant les Evangiles en françoys (ce sont les Evangiles et Epitres des dimanches et fêtes à l'usage du diocèse de Meaux), et s'il a fait faire les exhortacions et annotacions apposées oudict livre ». Je ne sais d'où Prosper Marchand a tiré ce qu'il dit (*Dictionnaire historique*, article *Le Fèvre*), qu'une commission du Parlement a condamné, le 28 août 1525, le Nouveau Testament en français. Cette assertion est difficilement conciliable avec les faits qui nous sont connus.

1. *Lutheranerne à Frankrig*, p. 215. — *La France protestante*, t. III, col. 142, note.

saints du Plessis. Ni l'un ni l'autre ne veut que son héros ait trempé dans l'hérésie. Ils ont une excuse, il est vrai, c'est d'avoir trouvé la leçon toute faite dans une sorte de recueil des synodes de l'épiscopat de Briçonnet, dressé par Jean Lermite, chanoine de l'église de Meaux, puis secrétaire de l'évêque. C'est lui qui, dans le système que nous allons discuter, a le premier fourni les fausses dates de 1523.

Cette thèse est contredite de la façon la plus formelle par les textes du procès. Le 11 août 1525, l'avocat de l'évêque, Poyet, fait mention de la condamnation de Luther par l'évêque, en la faisant remonter à deux ans et demi en arrière, en quoi il exagère quelque peu. Chose assez piquante, il rejette, en passant, sur les moines mendiants la responsabilité de la Réforme :

Toutesfoys n'ont laissé a murmurer contre ledict intimé, qu'ilz ont persecuté l'espace de huit ans et laceré *probriis injuriis et maledictis* par tout le Royaume et dehors... *Et novissime,* voyant la secte lutherienne pululler, luy ont obicé et publié partout qu'il estoit lutherien, combien que ladicte secte ait prins naissance au bissac, et est enervative de l'ordre jherarchique de l'Eglise, car oste pape, cardinaulx, evesques, curez, le temporel et le spirituel de l'Eglise, et tend ladicte secte a la fin que pretendent les cordeliers. En signe de ce plusieurs de leur ordre se sont mariez et sont plus grans persecuteurs de l'Eglise que n'est Luther, comme est Lambert (François Lambert d'Avignon) et autres. A quoy doibvent tous evesques veiller et obvier, comme a faict ledict evesque en anathématisant par statut synodal passé a deux ans et demy la doctrine dudict Luther, prohibant sur peine d'excommunication estre leue, tenue ne approuvée en son diocese[1].

Briçonnet a répété la condamnation de Luther devant les commissaires du parlement, et il l'a promulguée en personne dans les six doyennés de son diocèse :

Et pource que l'intimé scet la source desdictz erreurs controuvez venir des predications des cordeliers par le diocese de Meaux, semans que lesdictz erreurs ont esté preschez a Meaulx et que on y ensuyvoit la doctrine de l'hereticque Luther, combien qu'il l'eust pu-

____
1. Fol. 74-75 v°.

blicquement fait anathematiser *cum omnibus operibus suis* et faict publier par tout le diocese de Meaulx par statut synodal sur ce faict comme dict est, il commande a ses subgectz que si les cordeliers retournent faire telles predications, qu'ilz soient dejectez de la chaire et que on les face prandre par justice. Et faict par quatre jours ensuyvans quatre sermons audict Meaulx, deux au Marché et deux en la ville, faisant visitacion es quatre eglises parrochiales[1], ou a l'un d'iceulx assisterent lesdictz premier president et Verjus. Et en leur presence fist lire publicquement l'anathematisacion de Luther et declaira la menterie des predications faictes par les cordeliers, et que tout le contraire de ce qu'ilz disoient avoir esté presché audict Meaulx y avoit esté gardé et presché, c'est assavoir qu'il failloit prier honnorer et saluer la sacrée Vierge et les saincts, qu'il estoit purgatoire, et failloit prier Dieu pour les trespassez. Et incontinent après fist tenir les calendes, qui sont six petiz sennes (synodes) qui se font es six doyennez de son diocese, qu'il tint en personne, ou il fist semblables publications, predications et exhortacions que dessus, et icelles renouvellées de rechef es sennes et calendes ensuyvans. Et pource qu'il y eust quelques placards scandaleux mis audict Meaulx le jour de Noël (1524), il fist telles dilligences que les coulpables furent trouvez et constituez prisonniers. Envoya devers la Court, luy suppliant, pource que l'affaire estoit de consequence, envoyer a ses despens audict Meaulx ung ou deux conseillers de ceans pour assister au parachevement du procès qui estoit par luy encommencé, et y furent envoyez Verjus et Papillon, conseillers, ausquelz la Court, a la requeste du procureur du Roy, bailla commission pour informer des erreurs que l'on disoit avoir cours audict Meaulx. Font informacions tant particulieres que par tourbe, qui sont ceans et ont esté veues par ladicte Court. Et croit ledict evesque qu'elle a trouvée que ce sont menteries et toutes choses controuvées, venans du sac desdictz cordeliers[2].

La question est jugée, je pense, et je n'ai pas besoin d'énumérer ici toute la série des actes de Briçonnet, à partir du 12 avril 1523, où il révoque les pouvoirs d'une partie des prédicateurs de son diocèse. Depuis ce moment, sans cesser de faire traduire la Bible et de la faire répandre à ses frais, il a

1. Cette visitation eut lieu à partir du 29 mars 1524 (T. du Plessis, t. I, p. 329).
2. Fol. 91-93 v°.

pour premier souci de séparer sa cause de celle des luthériens.
Briçonnet a aimé la Bible et il l'a mise à la portée du peuple,
il s'est entouré de prédicateurs animés d'un esprit nouveau
(lesquels d'ailleurs sont presque tous morts catholiques), il a
rencontré dans ces tentatives la haine des obscurantistes,
mais en tout cela il n'a pas vraiment fait œuvre de protestant.
Les vrais protestants, à Meaux, sont à chercher ailleurs que
chez l'évêque ; on les trouve parmi les « cardeurs de laine et
autres mecaniques », que l'avocat de la partie adverse accable
de son mépris. C'est pourquoi je terminerai ces courts
extraits par le récit du supplice d'un luthérien qui est Jean
Leclerc, le cardeur de Meaux. Il est tiré de la plaidoirie de
Bochart[1], l'avocat des cordeliers :

Et sur ce est a considerer le grant scandalle qui est aujourd'huy
par tout le Royaume et en la chrestienté de l'eveschié de Meaulx.
A la Court fait foicter par les carrefours ung heretique dudict Meaulx,
lequel de la s'en est allé à Metz en Lorraine, et en continuant a
couppé le nez a l'ymaige Nostre Dame tenant son enfant, que le
peuple y avoit en reverence et devotion, luy a rompu sa couronne et
couppé la teste a l'imaige de l'enfant. Et incontinent après est venu
en une tremeur et tremblement continuel et a esté prins par supson
et confessé le cas, par justice lui a esté couppé le poing et le nez,
mise sur sa teste une couronne de fer flambée et rouge de feu, et
gecté vif en ung feu[2].

Guillaume Briçonnet mourut hors de son diocèse, en
son château d'Aimans, le 24 janvier 1534, ayant tout fait
pour mériter d'être appelé *factionis lutheranæ debellator acer-
rimus*. Ne croyez-vous pas, mon cher Président, qu'il fut
plus à plaindre qu'à blâmer ? Il n'avait jamais compris le prin-
cipe de la Réforme et il n'avait pas mesuré les conséquences
de l'œuvre qu'il avait rêvé d'accomplir. Il désira une réforme
de l'Église, comme la désiraient alors beaucoup de catho-

1. Jean Bochart, appelé dans les actes Bochard ou Bouchard, fut la
souché de la célèbre famille parlementaire des Bochart de Champigny
(dont descendait l'illustre savant protestant Samuel Bochart) et des Bochart de Saron. Voyez Bordier, *la France protestante*, t. II, col. 647, et
Moréri.
2. Fol. 229 v°-230.

liques pieux et éclairés; mais lorsqu'il vit que la Réforme le
conduisait à une rupture avec l'Église, faible de volonté et
incertain de pensée comme il était, il regarda en arrière. Les
adversaires acharnés de toute réformation eurent bientôt
raison de ce cœur partagé et de cet esprit sans clarté. Briçonnet fut un homme de peu de courage, ce ne fut pas un
renégat.

Il est toujours dangereux d'employer, pour un temps ou
pour un lieu, des mots et des noms qui ont été formés en un
autre temps et pour un autre pays. Le nom de « protestants »
n'existait pas plus en 1523 et en 1525 que celui de « réfor-
més. » Quant au nom de « luthériens, » il était donné dès
cette époque aux « bibliens » de Meaux par leurs adversaires; les plus avancés d'entre eux ne le refusaient pas, et il
est certain que la prédication de Luther et ses écrits sont à
l'origine du mouvement religieux de Meaux. Il serait injuste
de contester ce nom au petit groupe qui s'était formé autour
de Briçonnet et malgré lui; mais il faut qu'on sache qu'en
réalité, personne à Meaux, entre 1523 et 1525, ne tenait la
doctrine de Luther. Quoique nous entendions parfois retentir
le mot de justification par la foi, nous n'avons pas lieu de
penser que cette doctrine, qui a créé la Réforme, ait été,
à Meaux, ni profondément comprise, ni mise en une place
centrale. Qui sait si Luther, mis en présence des « luthériens
de Meaux », n'aurait pas senti une certaine défiance à l'égard
des plus exaltés, et s'il ne leur aurait pas dit, comme à Zwin-
gli : « Vous avez un autre esprit que nous ? » Lorsque Carl-
stadt brisa les images à Wittemberg, Luther quitta sa retraite
de la Wartbourg pour s'opposer à une violence qu'il réprou-
vait, tandis que les premiers martyrs de Meaux sont des icono-
clastes. Cet esprit radical et outrancier, nous le retrouverons,
vers le même temps, chez plusieurs de ceux qui ont été, en
France, à la tête du mouvement de la Réforme. Je n'ai pas
besoin de parler de Farel; mais Anémond de Coct, le cheva-
lier Savoyard, et François Lambert, le cordelier d'Avignon,
n'ont-ils pas toujours été plus ou moins étrangers à l'esprit
de Luther, avec lequel ils n'ont jamais bien su s'entendre?
Je ne sais s'il ne faut pas reconnaître une certaine responsa-

bilité, dans ce développement de la démocratie religieuse en
France, aux franciscains qui, par leur tiers-ordre, tenaient
tout le pays. Briçonnet connaissait bien l'esprit des cordeliers, quand il dénonçait Lambert d'Avignon et les siens
comme « dé plus grands persécuteurs de l'Église que n'est
Luther lui-même, » et quand il montrait comment, pour les
franciscains, la source de l'autorité est dans le peuple. On
le vit bien lorsqu'en 1526 François Lambert fut le maître
de la Hesse : il y fit décréter une constitution, naturellement
mort-née, qui dépasse, par son caractère tout populaire et
par sa discipline exercée d'en bas, les conceptions des démo-
craties les plus rigoureuses. Ritschl a cru voir, dans cette
manifestation prématurée, un essai d'introduire dans l'Église
l'organisation du tiers-ordre. S'il en est ainsi, Briçonnet a vu
de loin et bien vu. Quoi qu'il en soit, il est certain qu'en une
chose les luthériens de Meaux ont été disciples de Luther,
c'est qu'ils ont été « bibliens, » et ils l'ont été de tout leur
cœur.

Extrait du *Bulletin de la Société de l'histoire du Protestantisme français.*
Janvier 1895.